Nils Tornow/Joachim Zwingelberg

KonfiReset

Unglaubliche Geschichten,
die einladen, mit Gott durchzustarten

für Jungs

neukirchener aussaat

Herzlichen Glückwunsch zur Konfirmation.

Okay, wenn man sieht, was im Leben noch so alles auf dich zukommt, dann erscheint die Konfirmation nicht als riesiger Schritt. Aber was ist, wenn du sie zu einem machst?
Jedes Ereignis kann ein Wegweiser für deine Lebensreise sein. Manchmal erlebt man Dinge, die bisherige Erfahrungen außer Kraft setzen. Das ist ein klassischer Reset-Moment.

Du läufst also durch dein Leben und entdeckst, was so abgeht und wie alles funktioniert und plötzlich stellst du fest, dass alles auch ganz anders sein kann. Vielleicht ist dir das im Konfi-Unterricht so ergangen.

Die Menschen in der Bibel sind so was wie die ersten Konfis. Sie hatten eine klare Vorstellung davon, wie das Leben funktioniert, dann sind sie auf ganz unterschiedliche Weise mit dem Leben und Gott konfrontiert worden und haben sich konfirmiert. Also dazu bekannt, etwas anders zu machen. Einfach mal den Reset-Knopf im Leben gedrückt und sich neu orientiert. Oft wussten sie nicht genau, was das im Detail für sie bedeuten würde, aber so wie vorher ging irgendwie nicht mehr.

Kommt dir das bekannt vor?

In diesem Buch stehen Geschichten, die das Leben schreibt. Oft finden wir in der Bibel Geschichten, die dazu passen. Also alles Geschichten, bei denen wir uns etwas abgucken können. Und immer wenn wir etwas entdecken, dann ist das ein kleiner Reset-Moment. Dagegen ist deine Konfirmation schon eher ein großer.

Licht-verschmutzung

Prüft alles, und behaltet das Gute!
1. Thessalonicher 5,21

Der das wahre Licht ist, kam in die Welt,
um für alle Menschen das Licht zu bringen.
Johannes 1,9

Stell dir vor, du bist zum Schüleraustausch in den USA. Genauer gesagt in Washington D.C., der Hauptstadt. Du bist mit einer Gruppe anderer Jugendlicher unterwegs und ihr unternehmt einen Roadtrip. Voll cool, dass man da schon mit 16 Auto fahren darf. Aber viel cooler findest du Rahel. Sie kanntest du vorher nicht, aber die Schmetterlinge in deinem Bauch sagen dir, dass du sie unbedingt besser kennen lernen willst. Du zückst dein Handy, öffnest WhatsApp und schreibst deinem besten Freund eine Nachricht. Er gibt dir Tipps, wie du das Gespräch mit ihr zum Laufen kriegst. Zunächst nur über Nebensächlichkeiten reden und bloß nicht anmerken lassen, dass du interessiert bist. Wie man das halt so macht, wenn man erstmal nur abcheckt. Aber so richtig gelingt das Ganze nicht. Rahel fragt, mit wem du

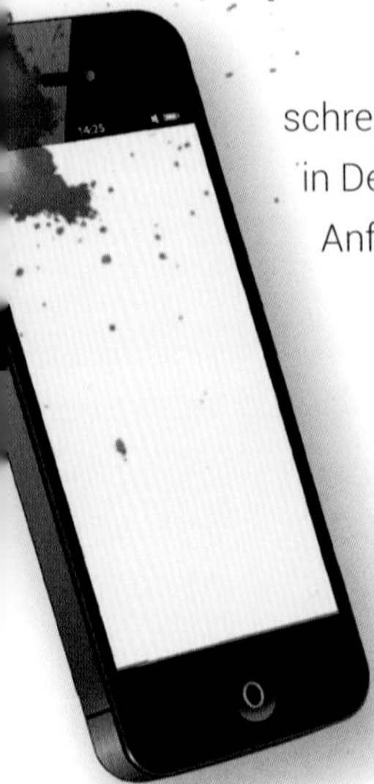

schreibst, aber warum solltest du mit ihr über deinen Freund in Deutschland reden. Das ist echt zu persönlich für den Anfang.

Man, ... ich brauche mehr und bessere Tipps.

--- Keine Antwort ---

Fällt dir noch was ein, was ich sagen kann?"

--- Keine Antwort ---

Und dann siehst du das ganze Ausmaß des Dilemmas.

--- Kein Empfang ---

Das Radio rauscht und der Empfang ist schließlich ganz weg.

--- Kein Empfang ---

Wo um alles in der Welt sind wir hier? Ist das wirklich noch das Land der unbegrenzten Möglichkeiten? Schaut mal einer aufs Navi.

---Kein Empfang---

Wir sind doch nur vier Stunden von der Hauptstadt entfernt. Okay, dann also zurück zu den Wurzeln des Entdeckertums und Straßenschilder lesen. „*Green Bank 50 Miles.*" Also auf nach Green Bank. In der Stadt gibt es bestimmt Empfang, denn wenn sich keiner von euch bei irgendwem meldet, dann geben eure Eltern bestimmt eine Suchmeldung raus.
Rahel muss lachen: „Dann wird das ja doch noch ein richtiges Abenteuer." Du hast voll die gute Idee: „Wenn die uns mit Hubschraubern suchen kommen, dann verstecken wir uns einfach mit dem Auto unter Bäumen." In den schillerndsten Farben malt ihr euch eure „Flucht" aus und kurz vor Green Bank lehnt sich Rahel bei dir an und sagt „Du bist lustig ... jetzt, da du nicht mehr dauernd auf dein Handy guckst."

Schon lange bevor ihr in die Stadt einfahrt, seht ihr die riesengroße Satellitenschüssel oberhalb der wenigen, alten Häuser.

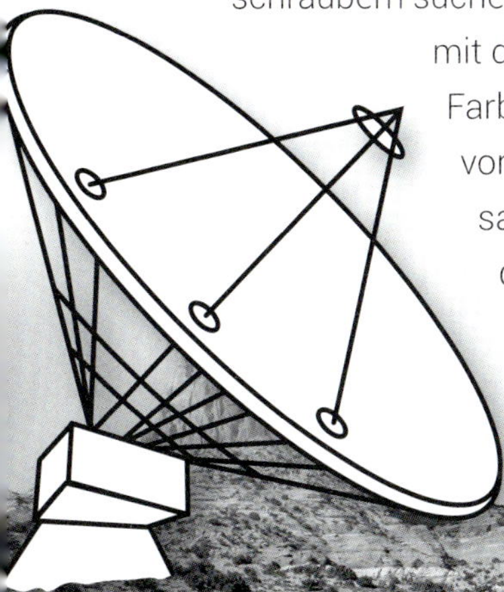

Es sieht aus, als wäre ein Raumschiff mitten im letzten Jahrhundert gelandet. Ein kleines bisschen stimmt das auch, wie ihr feststellen müsst.

In Green Bank steht das größte Radioteleskop der Welt. Es soll Radiowellen aus dem Weltraum empfangen. Aber mit Radiowellen ist es wie mit Licht. Ist man in einer hell beleuchteten Stadt, kann man die Sterne im Weltraum nicht so gut sehen wie auf dem Land oder auf dem Meer, wo es keine „Lichtverschmutzung" gibt. Und weil ein Radioteleskop nun mal nichts mit Licht, sondern mit Radiowellen zu tun hat, gibt es diese 100 Kilometer rund um Green Bank nicht. Das heißt kein Radio, kein Fernsehen, keine Mikrowelle, kein WLAN. Noch nicht mal Autos mit Benzin gibt es hier, da die Zündkerzen auch Radiowellen produzieren.

Dafür kann dir hier auch niemand schlechte Tipps geben.

Alles ist auf Null gesetzt.

--- **Reset** ---

out of
order

Licht steht ja eigentlich für etwas Gutes. So stellen wir uns Gott zum Beispiel oft als Licht vor. Kann dann Licht wirklich etwas verschmutzen?
Jesus hat mal eine Geschichte von einem Mann, der von Räubern zusammengeschlagen wurde und halb tot am Wegrand lag, erzählt. Gut, dass die ersten beiden, die vorbeikamen, sich so gut mit der Bibel auskannten. Sie waren beide Angestellte im Tempel und wenn sie mit Blut in Berührung gekommen wären, dann hätte der Gottesdienst wohl ausfallen müssen. Das lesen wir in 3. Mose 21. Da steht auch, dass sie nicht im Tempel arbeiten dürfen, wenn sie einen gebrochenen Knochen haben. Also schnell weg, bevor die Räuber wiederkommen. Mann, das ist wohl gerade nochmal gut gegangen.

Der Dritte, der vorbeikam, war ein ungläubiger Ausländer. Hoffentlich hilft der nicht, denn in der Bibel steht ja, dass man nicht mit Ungläubigen verkehren soll. Aber der Ausländer denkt gar nicht lange nach und versorgt den Verwundeten, sodass er nicht stirbt. Mann, das ist ja gerade nochmal gut gegangen. Da kannte einer die Bibel wohl nicht so gut?!

Moment – irgendetwas stimmt hier nicht!!!

Jesus sagt seinen Zuhörern hier indirekt, dass sie sich nicht reinquatschen lassen sollen. Du hast bestimmt beim Lesen gemerkt, dass hier etwas nicht stimmt. Gott hat uns ein ganz gutes Gespür für richtig und falsch gegeben, nur manchmal überlagern andere Geräusche diese leise Stimme in uns.

Such dir dein eigenes „Green Bank", drück auf Reset und lausch dieser leisen Stimme in dir.

Lausch dieser leisen Stimme in dir.

Alles steht auf dem Kopf

Simons Story, Teil 1

**Schaut nach vorne, denn ich will etwas Neues tun!
Es hat schon begonnen, habt ihr es noch nicht gemerkt?
Jesaja 43,19**

Andreas, das sag ich euch, ist wirklich irgendwie seltsam. Ich meine, er ist immerhin mein Bruder und in einer Familie hält man zusammen, aber ein paar merkwürdige Züge hat er neuerdings schon. Beim Fischen stört das jetzt nicht so sehr. Im Gegenteil. Seit neustem macht Andreas sogar immer die Netze sauber, während wir anderen schön entspannt unsere Fische am Markt verkaufen. Er ist dann zwar früher fertig als wir, aber wer will denn so eine Drecksarbeit machen? Ich habe mich ja noch nie wirklich über andere Menschen aufgeregt. Sie sind mir meist egal. Nur von diesem Johannes, mit dem Andreas nach dem Netze-Saubermachen jetzt immer abhängt, halte ich ehrlich gesagt gar nichts. Man sagt sich, dass er von irgendeinem

Mann, der irgendwann kommt und Frieden bringt, erzählt. Komische Story. Der Typ gehört hier einfach nicht hin. Am Markt erzählt man mir auch immer wieder abgefahrene Sachen über Johannes, zum Beispiel, dass er sich von Kakerlaken und ähnlichem Zeug ernährt. Ach ja, und sein Kamel-Haar-Look ist abends in der Kneipe auch immer wieder der Brüller. Wer bastelt sich denn bitte aus Kamelhaaren eine Unterhose?! – Nee, das verstehe ich echt nicht, was das soll …

Dieser Johannes hat natürlich auch seine gute Seite: Andreas hängt nicht mehr die ganze Zeit bei mir ab, weil er anscheinend endlich mal ein paar Freunde gefunden hat. Endlich habe ich mal mehr Zeit für meine Frau, die Kinder und samstags für Sport. Zeit für mich. Die habe ich eh viel zu wenig. Ständig will jemand was von mir und wenn man selbst etwas von anderen will, ja, dann steht man oft allein da. Nach der Arbeit noch irgendwas anderes zu tun, ist eigentlich unmöglich. Spät in der Nacht müssen wir raus, zum Fischen. Und dann, nach einer ganzen Nacht auf dem See noch Netze flicken und unsere Fische auf dem Markt verkaufen.

Warum trifft sich Andreas denn mit diesen Leuten? Hat er nicht genug Gemeinschaft, wenn er mit uns stundenlang im Boot hockt und angelt? Nee, für mich ist das nichts, dieses „Friede, Freude, Eierkuchen"-Gelaber. Hier ist wirklich alles bescheiden. Terroristen verstecken sich irgendwo in der Wüste und plündern Reisende aus, um ihre Ideologie ausleben zu können. Die Römer tun so, als wären sie die großen Wohltäter, aber eigentlich unterdrücken sie uns. Das macht doch keinen Spaß, hier ist nichts mit Himmelreich! So einfach ist das.

Aber wenn ich darüber nachdenke ... Andreas mag komisch sein, aber Netze saubermachen fand er als Kind schon doof.

Wie kann sich so etwas von heute auf morgen ändern? Alles steht auf dem Kopf.

Konfi-Zeit. Ich erinnere mich noch gut dran. Irgendwie war sie schön, aber komisch zugleich. Vielleicht ein bisschen so wie Simon über seinen Bruder Andreas spricht. Unsicher. So einiges war einfach nicht klar.

So finde ich unser Leben oft und vor allem meine Zeit als Konfirmand. Unentschieden. Mag ich das, mag ich das nicht? Neue Entscheidungen, viele Möglichkeiten, eine aufregende Zeit. Ich glaube, Andreas tut etwas sehr Mutiges, was ich damals lernen musste. Er ist er selbst und tut das, was er für richtig hält.

Mit 15 zum Beispiel habe ich selten verstanden, was der Sinn hinter den Vorschriften, den Gedanken meiner Eltern war. Zum ersten Mal änderte sich das, als meine Mutter zu mir sagte: „Nils, wenn du dir bei einer Sache in deinem Leben ganz sicher bist, dann tu sie. Egal, ob wir es gut finden oder nicht. Geh deinen Weg und riskiere es, Konflikte mit uns auszutragen." Seitdem

habe ich etwas kapiert: Meinen Eltern ging es gar nicht so sehr um sich selbst oder um ihre Vorstellungen, wie es im Leben besser laufen könnte.

Es ging nur um mich. Cool oder?

Ich durfte ein Andreas sein und erleben, wie andere mich erst verwundert ansahen, später aber dann Respekt vor mir und meinen Entscheidungen hatten..

Ein Reset-Moment in meinem Leben.

Wenn du Lust hast, probiere es einmal aus. Etwas total Neues. Fang bei Null an und starte neu durch. Eins kann ich versprechen, es wird auf jeden Fall aufregend.

Mind the Gap

Jesus rief seine zwölf Jünger zu sich und erteilte ihnen den Auftrag, jeweils zu zweit durch das ganze Land zu ziehen.
Markus 6,7

Ein Dienstagvormittag – ein ganz normaler Tag im australi-
schen Perth. Der Pendler Andy will zur Arbeit, der Zug fährt in den Bahnhof ein. Die Stimme aus dem Lautsprecher sagt noch: „Mind the gap“ und da ist es auch schon passiert. Andy ist genau in die Lücke zwischen Zug und Bahnsteig getreten. Sein Fuß versinkt in dem Spalt und nicht nur sein Fuß, auch

sein Knie und der halbe Oberschenkel. Sofort ist ihm klar, dass er aus dem Loch wieder heraus muss.

Wenn der Zug losfahren sollte, dann war's das mit Andy.

Aber da bewegt sich nichts. Keine Ahnung, wie das Knie da auf dem Weg nach unten hindurchgepasst hat, aber nach oben geht es auf keinen Fall. Andy zerrt mit aller Kraft, aber es bewegt sich nichts. Einer der anderen Fahrgäste ist auf ihn aufmerksam geworden und sorgt dafür, dass der Zug nicht losfährt.

Okay, das ist ja schon mal ein Anfang, aber das ändert nichts daran, dass dieses Knie nicht durch die Lücke passt. Da hilft es auch nichts, dass der Schaffner und noch ein paar andere Aufgeregte wie bescheuert auf ihn einreden und an seinem Bein zerren.
Aber dann kommt Bewegung in die Sache. Irgendjemand schreit: „Alle auf die andere Seite!" Und tatsächlich: Die Fahrgäste, die sich mühsam einen Sitzplatz ergattert haben, stehen auf und Hunderte von Menschen drängen sich auf die andere Seite des Zuges. Aber die Lücke wird einfach nicht größer. Wäre ja auch zu schön, wenn man einen 120 Tonnen schweren Zug durch Fehlbeladung kippen könnte.

Andy schießen tausend Gedanken durch den Kopf und gleichzeitig fühlt es sich an, als würde sein Gehirn stillstehen. Dann hört er wieder jemanden rufen: „Kommt alle raus, wir kippen den Zug einfach an … zusammen schaffen wir das." Keine Ahnung, wo all die Verrückten auf einmal herkommen, die versuchen, einen Zug zu kippen. Aber sie sind da. Und alle lehnen sich gegen den Zug. Andy würde helfen, wenn er nicht selbst der Grund wäre, warum all diese Menschen das machen. Und dann lässt der Druck nach. Die 120 Tonnen Stahl bewegen sich. Er braucht nur eine Sekunde, um das Bein herauszuziehen. Es ist noch nicht mal verletzt.

Menschen haben Kraft.

Menschen haben Power.

Menschen können etwas verändern.

Du bist wichtig.

Es gibt Menschen mit Ideen,
aber die sind nichts ohne die,
die sie mit umsetzen.

Du bist einer von vielen und
alleine kannst du nicht viel.

Aber ohne dich sind die anderen nicht genug.

Du bist wichtig.

„Mind the gap“ hört man an allen englischsprachigen Bahnhöfen. Das bedeutet so viel wie „Beachte die Lücke“, sodass man diese vermeiden kann. Das gilt auch für andere Bereiche des Lebens, zumindest versuchen wir krampfhaft, die Lücken und Unvollkommenheiten in unserem Leben zu vermeiden und zu umgehen. Aber das ist anstrengend. Als Andy in die Lücke getreten ist, hat er eine überwältigende Zivilcourage der anderen erlebt. Die Katastrophe blieb aus, die Lücke hat ihn nicht umgehauen.

Was wäre, wenn das mit den anderen Lücken in unserem Leben auch funktionieren würde? Das würde alles auf Null setzen.

---Reset---

Im Lücken-Vermeiden ist uns Jesus nicht gerade ein Vorbild. Er hat Menschen zwar oft auf diese Lücken aufmerksam gemacht, aber dann hat er die Lücken nicht gemieden, sondern sich ihnen sogar selbst ausgesetzt. Das macht ihn dann doch zu einem Vorbild.

Klar, Gott kann alles und er könnte die Lücken komplett umgehen, aber irgendwie ist das nicht Gottes Konzept von der Welt und dem Menschen. Damit die Mission Mensch funktionieren kann, geht er anders vor.

Er wird Kind.

Kaum ein anderes Lebewesen ist nach der Geburt so hilflos wie der Mensch und auch danach fühlt man sich oft allein und ohne Kraft. Was tat Jesus? Er hatte ja gar nicht vor, alles allein zu machen. Er ist der Grundstein, aber nicht allein. Er holt sich andere dazu, zunächst seine zwölf Jünger. Er formt ein Team und bringt ihnen bei, wie die Sachen gehen.

Auch Scheitern und Fehler gehören dazu.

Das ist für die Zwölf schon etwas ganz Besonderes – sie werden dabei nicht ausgelacht. Dann erleben sie Erfolge und langsam wird ihnen klar, dass es deshalb etwas Besonderes ist, weil es mit Gott zu tun hat.

Formt ein Team

Einer tanzt aus der Reihe

Simons Story, Teil 2

„Kommt endlich zu mir zurück, dann bleibt ihr am Leben."
Amos 5,4

Andreas sitzt am Ufer des Sees. Er putzt Netze. Das machen Fischer so und er ist Fischer. Lustlos zupft er die Blätter von den Seerosen, die sich im Netz verfangen haben. Er lebt in Betsaida, ein wundervolles Dörfchen am See Genezareth. Eigentlich ist dort überall Wüste, eine Gegend, in die man nicht gerne reist. Aber am See, da ist es anders: ein herrliches Klima, nie zu warm und schon gar nicht zu kalt. Wie eine Oase in der Wüste.

Eigentlich geht es Andreas mit seinem Fischer-Dasein richtig gut. Aber kann das alles sein? Das Leben muss doch mehr zu bieten haben! Andreas hatte sich eigentlich nie viel aus Glauben und Gott und so einem Zeug gemacht. Aber in letzter Zeit war das anders. Was wäre, wenn es so etwas gibt? Das ist so eine neue Vorstellung. Irgendwie weit weg von ihm.

Alles fing damit an, dass Andreas an einem Nachmittag vor einigen Monaten Lust bekam, spazieren zu gehen. Also brach er auf und schlenderte am Ufer des Flusses, der in den See fließt, entlang. Und auf einmal waren da viele Menschen. Klar, an der Stelle war der Fluss etwas breiter und ein Weg führte durch das flache Wasser auf die andere Seite, aber das waren bestimmt zwanzig Personen. „Was stehen die hier mitten in der Wüste rum?", hat er sich gefragt und ist zu ihnen gegangen. Das, was er zu sehen bekam, das hat ihn irgendwie beeindruckt. Okay, auf den ersten Blick war es einfach lustig: Da stand ein Typ, vielleicht so dreißig Jahre alt. Nackt. Nur eine selbst gebastelte Unterhose aus Kamelhaaren verhinderte, dass man alles sehen konnte. Aber als Andreas näher kam, hörte er diesen Mann rufen: „Das Himmelreich ist nahe herbeigekommen!". Was für ein Spinner!

Aber aus irgendeinem Grund ist Andreas stehen geblieben und hat weiter zugehört.

Dieses Himmelreich hört sich irgendwie interessant an, denkt Andreas jetzt, während er weiter Blätter zupft. Ein Land, in dem es himmlisch ist. Ein Land, in dem jeder ernst genommen wird. Ein Land, in dem Gott der König ist. Ein Gott, der jeden Menschen so liebt, wie er ist. Das ist doch eine Traumvorstellung! Andreas kommt sich nämlich oft wie ein Versager vor. Nicht so wie sein Bruder Simon, der war immer schon so ein Anführer-Typ. Simon braucht nie jemanden. Er weiß immer einen Rat.

Dieser Mann am Fluss hat Andreas auf jeden Fall fasziniert. Er steht auf und geht, wie jeden Tag seit jenem Nachmittag, zu der Stelle. Sein Bruder hat ihn ausgelacht. Seine Freunde haben ihn für verrückt erklärt. Aber er will mehr wissen. Das Leben muss doch mehr zu bieten haben!

Oft fühle ich mich wie Andreas in dieser Geschichte. Dann denke ich, alles dreht sich nur um mich. Meinen Job, meine Freunde, meine Hobbys und am Ende des Tages sitze ich in meinem Zimmer (noch nicht mal am See wie Andreas!) und denke mir: „Das kann doch wirklich nicht alles gewesen sein?“ Dann gehe ich oft raus, auf die Straße und fange an zu suchen, zu fragen. Manchmal ist dieser Gott auch ganz weit weg von mir, weil ich eben etwas Wichtigeres zu tun habe. Meine Tage sind vollgestopft und in all dem ist oft auch sehr wenig Platz.

Dann ist es immer wieder spannend, diesen Gott zu suchen. Durch die Straßen zu ziehen, bis man am Fluss ankommt und sich erinnert, dass am Ende des Tages immer einer auf mich wartet. Einer, der mich gut findet und dich auch. So, wie du bist, mit all dem, was dich ausmacht. Der mich nicht anders will, sondern genau mich. Auf einmal merke ich, das Leben ist viel mehr als Job, Freunde und Hobbys. Es ist groß und aufregend und dieser Gott fängt jeden Tag mit mir von Neuem an.

**Reset. Neuer Tag. Neue Geschichten.
Das Leben hat viel zu bieten.**

Neuer
Tag

Vielleicht morgen

**Ihnen sollt ihr diese Nachricht bringen:
„Jetzt beginnt Gottes neue Welt!"
Matthäus 10,7**

Im Frühjahr 2006 verschwindet eine junge Frau auf dem Klo. Das allein ist jetzt noch nicht so ungewöhnlich, aber als sie nach einer Stunde noch immer nicht wieder da ist, fragt ihr Freund einmal vorsichtig nach, ob denn alles okay ist.
„Ja ja, alles okay. Ich bin es nur leid, dass alle immer wissen, was ich noch machen muss. Ich will nichts mehr müssen. Das nervt mich. Das einzige, was ich muss, ist ab und zu aufs Klo zu gehen und da ich schon mal da bin, muss ich jetzt gar nichts mehr. Ich bleib noch ein bisschen hier. Ich hab frisch geputzt und es riecht nach Waldfrisch."
Als die Lieblingsserie der beiden vorbei ist und es Zeit ist, ins Bett zu gehen, wagt der Freund einen zweiten Anlauf:
„Meinst du nicht, dass es Zeit wird, mal ins Bett zu gehen?"
Aber vergeblich: „Ich will noch ein bisschen nachdenken und ich brauch dazu ein stilles Örtchen."

„Kommst du denn irgendwann wieder runter vom stillen Örtchen?"
Darauf ihre Antwort: „Vielleicht morgen."

Gut, dass es noch eine Gästetoilette gibt.

Der Freund bringt also seiner Freundin etwas zu Essen auf die Toilette und geht ins Bett. Er steht am nächsten Morgen auf, benutzt das Gästeklo und geht zur Arbeit. Als er am Abend mit dem Abendessen bei ihr auf der Toilette steht, macht er sich schon Sorgen.
„Kommst du heute bitte vom Klo runter?"

Wieder ist ihre Antwort: „Vielleicht morgen."

Er überlegt, ob er Hilfe holen soll, aber er will seiner Freundin auch nicht zu nahe treten und sagt zu sich selbst: „Vielleicht morgen."
So vergeht eine Woche, an dem er jeden Abend fragt, ob sie wieder

rauskommt und immer ist ihre Antwort:
„Vielleicht morgen."

Und es vergeht ein Monat und ein Jahr und die beiden sind in ihrem Trott. Er fragt und sie antwortet, dann fragt er sich, ob er Hilfe holen soll und antwortet sich selbst und immer ist es die gleiche Antwort: „Vielleicht morgen."
Und so vergeht noch ein weiteres Jahr.

Dann, am 27. Februar 2008, ändert sich etwas in der Routine.
„Notrufzentrale, was kann ich für Sie tun?"
„Sie müssen mir helfen. Mit meiner Freundin stimmt was nicht. Sie sitzt auf der Toilette und sieht ganz bleich aus."
„Okay, ich schicke einen Wagen."

Wenig später trifft der Rettungswagen ein. Auf der Treppe fragt der Sanitäter: „Wie lang ist ihre Freundin schon auf der Toilette?"

„Zwei Jahre."
„Waaaas? Sind Sie bescheuert?"
Etwas kleinlaut gibt der Freund zu: „Ich weiß, ich hätte Sie früher anrufen sollen … vielleicht gestern."

Die Sanitäter haben die Toilette erreicht.
„Hallo, wie geht es Ihnen?"
„Nicht so gut", ist die schwache Antwort.
„Okay, wir müssen Sie erst einmal von der Toilette runterbekommen."
„Ich will nichts müssen."
„Doch, Sie müssen, das ist gut für Sie. Können Sie aufstehen?"
Sie fängt an zu weinen: „Nein."

Unglaublich, aber wahr. Sie ist auf der Klobrille festgewachsen.

Die Sanitäter alarmieren die Feuerwehr, die schraubt die Klobrille ab und dann geht es auf dem Bauch liegend ins Krankenhaus. Es dauert einige Stunden, bis die Chirurgen die Klobrille operativ vom Hinterteil entfernt haben.

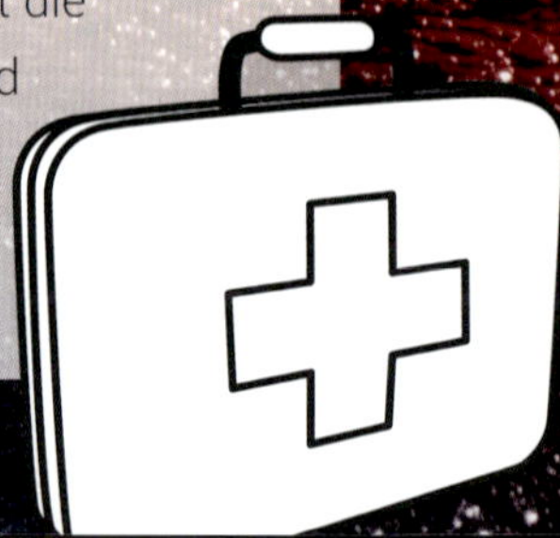

Als sie aus der Narkose aufwacht, sitzt ihr Freund neben ihr.
„Muss ich lange hierbleiben?"
Diesmal antwortet er: „Du musst gar nichts. Du kannst bald nach Hause. Vielleicht morgen."

Und dann fangen wir noch mal bei Null an.

---Reset---

Natürlich hat Jesus nicht diese Geschichte erzählt, aber er hat sinngemäß seinen Zuhörern gesagt: „Ihr seid ein bisschen wie diese Frau. Ihr wollt immer in eurer schönen Waldfrischwelt bleiben, wo euch ja auch niemand stört. Eigentlich wisst ihr, dass da noch mehr ist. Aber anstatt jetzt etwas zu unternehmen, sagt ihr immer ‚Vielleicht Morgen'."
Dann hat er von einer Frau erzählt, die einen Groschen verloren hat. Sie war so bestürzt, dass sie sofort angefangen hat zu suchen. Alle haben gesagt: „Such den doch morgen, wenn es hell ist." Aber sie wollte keine Zeit verschwenden und hat gesagt: „JETZT. Nicht morgen."

Diese Frau ist ein bisschen wie Gott. Die Zuhörer sollen sich an ihr ein Beispiel nehmen. Wenn Gott etwas fehlt, dann wartet er nicht bis morgen. Er sucht sofort.
Gott sucht nach uns Menschen, weil er sich ohne uns nicht komplett fühlt. Und auch uns Menschen fehlen oft Dinge, die uns komplett machen:

Freunde, Liebe, Beziehungen und Gott selbst. Lasst uns JETZT anfangen, danach zu suchen. Manchmal müssen wir dazu unsere Waldfrischwelt verlassen.

Eine neue Chance

Simons Story, Teil 3

Gott spricht: „Ich werde dir viel Gutes tun; deinen Namen wird jeder kennen und mit Achtung aussprechen. Durch dich werden auch andere Menschen am Segen teilhaben."

1. Mose 12,2

„Simon! Du musst mitkommen! Der Messias ist da!", schreit Andreas und reißt mich aus meinem Schlaf. Ich habe einen langen Tag hinter mir. Der Fischverkauf hatte sich schwieriger gestaltet als gedacht und sobald ich zu Hause war, bin ich in meinem Schaukelstuhl eingedöst.

Und was will mein Bruder jetzt? Ich hab es schon mal gesagt, Andreas ist wirklich komisch! Messias? Das ist doch total verrückt. Andreas ist aber so aufgeregt, dass ich doch irgendwie neugierig werde. Es ist mir sogar ein bisschen peinlich. Ich mache mich also auf den Weg. Schließlich muss ich doch auch auf Andreas aufpassen, immerhin ist er mein Bruder. Wer ist dieser Johannes und erst recht dieser Messias? Den muss ich mir jetzt einfach auch einmal aus der

Nähe ansehen. Als wir ankommen, drängt sich eine riesige Menschenmenge um den kleinen Brunnen unten am Fluss. Da steht er anscheinend, die Leute nennen ihn Jesus. Am besten bleibe ich bisschen abseits vom Geschehen. Muss ja keiner mitbekommen, dass ich hier bin.

– Oh Mann. Ist er das? Warum kommt der denn jetzt auf mich zu? So besonders sieht dieser Mann jetzt auch nicht aus. Nicht wie Superman. Aber dieser Jesus sieht mir mitten in meine Augen, er durchdringt mich irgendwie. So einen Blick habe ich noch nie gesehen. Dieser Blick geht tiefer, tiefer als jedes Meer oder jeder Ozean, tiefer als alles, was ich jemals erlebt habe. Warum schaut er mich so an? Ist da irgendwas Komisches an mir? Pickel? Herpes?

Aber böse oder angeekelt guckt er nicht. Seine Augen brennen förmlich, er strahlt etwas Liebes aus. Etwas Vertrautes. Es ist wie eine warme Sommernacht. Als wäre ich wieder auf der Veranda bei meiner Mutter und würde zu Abend essen.

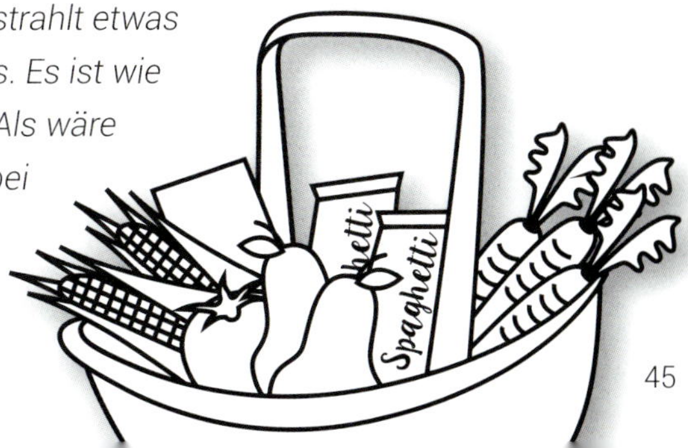

Geborgenheit. Das ist es!

Dann spricht er zu mir: „Du bist Simon, oder?" – „Woher weißt du denn, wie ich heiße?" Jesus sagt zu mir: „Ich weiß, wer du bist! Du bist ein guter Kerl. Ich glaube, du bist einer, auf den man sich verlassen kann! Manchmal tust du so, als wäre es nicht so, aber eigentlich verstellst du dich dann nur! Du bist beständig, ein guter Halt, ein echter Fels. Ich wäre gern dein Freund und würde gern mit dir mein Leben teilen." – Was ist hier los? Wieso kennt der mich so gut? Krass. Von Andreas kann er das nicht haben, ich hab mich auch vor ihm noch nie so wirklich geöffnet. Und jetzt kommt so ein wildfremder Typ daher und guckt mir buchstäblich mitten ins Herz. Er kennt mich. In- und auswendig. Eigentlich ist es genau das, auf das ich immer gewartet habe.

Und Jesus kommt ganz nah zu mir und sagt: „Von nun an heißt du Petrus. Das bedeutet so viel wie ‚der Fels'. Also Simon, der Fels. Ich vertraue dir voll und ganz." Das ist echt stark, ein gutes Gefühl. Ab jetzt ist alles anders. Ich trage einen neuen Namen. Ich kann von vorne anfangen. An diesem Tag wird alles neu.

Reset. Alles neu. Ganz plötzlich und keiner drängt sich auf. Ich kann warten, gelassen sein. Ich brauche nichts dafür zu tun, jemand anderes tut es für mich. Was für ein schöner Gedanke. Was für eine schöne Hoffnung.

Konfi-Zeit. Gelassen sein, warten, was am Ende passiert. Alleine entscheiden dürfen. War diese Taufe für mich? Will ich das bestätigen? Und wenn ja, ein neuer Anfang. Eine Entscheidung nur für mich und ich kann von vorne anfangen. An diesem Tag wird alles neu.

Mauer aus Licht

Dein Wort ist wie ein Licht in der Nacht,
das meinen Weg erleuchtet.
Psalm 119,105

Jesus antwortete: „Ich bin der Weg, ich bin die Wahrheit, und ich bin das Leben! Ohne mich kann niemand zum Vater kommen."
Johannes 14,6

Als ich fünf Jahre alt war, sind wir im Urlaub in den Harz gefahren. Ich erinnere mich noch daran, wie wir mit der Seilbahn auf den Wurmberg gefahren sind. Auf dem Berg gab es eine Skisprungschanze und weil es Sommer und die Schanze unbenutzt war, konnten wir auf den Turm klettern. Da waren wir nun auf dem höchsten Berg im Harz. Aber der Nachbarberg wirkte irgendwie höher. Ich weiß nicht mehr genau wie, aber mein Vater hat mir erklärt, dass dort ein anderes Land ist und wir nicht zu dem anderen Berg können. „Also ist da nicht mehr Deutschland?", habe ich gefragt.

Und dann wurde es kompliziert.

Doch, da ist auch Deutschland. Da ist die DDR. Nach dem Krieg ist Deutschland geteilt worden. Wir können frei verreisen und

einfach so in anderen Ländern Urlaub machen, die meisten dort können das nicht.
Ich weiß nicht mehr, was ich davon verstanden und was ich erst später begriffen habe, aber ich erinnere mich, dass wir in demselben Urlaub am Grenzzaun spazieren gegangen sind und mein Vater mich nicht an den Zaun lassen wollte und gesagt hat, dass die Wachleute auf den Türmen schießen würden.

Da gab es also eine bewachte Grenze mitten in unserem Land. Einige Jahre später kam in den Nachrichten, dass jemand beim Versuch abzuhauen an der Grenze erschossen wurde. Der junge Mann hieß Christian. Ich hatte einen Christian in meiner Grundschulklasse.

Und dann kam in den Nachrichten die Meldung, dass es einige Menschen geschafft haben abzuhauen. Aber nicht in unser Deutschland, sondern in die Tschechoslowakei, ein anderes Nachbarland. Dort waren sie bis zur deutschen Botschaft gekommen und jetzt war die große Frage: Wie kriegen wir die Deutschen aus der DDR in unser Deutschland, ohne dass sie unterwegs verhaftet werden? Es war ein richtiger Krimi, den ich als achtjähriger Junge miterlebt habe. Ich habe gesehen, wie unser Außenminister auf dem Balkon der Prager Botschaft stand und den berühmtesten Halbsatz der Geschichte gesprochen hat:

Wir sind zu Ihnen gekommen, um Ihnen mitzuteilen, dass heute Ihre Ausreise ..."

Der Rest ging im Jubel und den Tränen unter.
Ich habe gesehen, wie 40 Tage später Deutsche aus der DDR auf die Grenzsoldaten zugingen. Ich habe mit einer ganzen Nation die Luft angehalten und miterlebt, wie kein Schuss fiel. Ich habe gesehen, wie die Menschen über die Mauer nach Westberlin geklettert sind und die Mauer des Todes ihren Schrecken verloren hat. Ich habe gesehen, wie Menschen dicke Vorschlaghammer geholt und die viele Kilometer lange Mauer in Brocken zerlegt haben. Ich habe gesehen, wie sich Menschen weinend in den Armen lagen. Ich habe gesehen, wie Bürgermeister Momper an die Mikrofone getreten ist und gesagt hat: „Wir Deutschen sind heute das glücklichste Volk der Welt."

Und ich kann bezeugen, dass der 9. November 1989 der größte Tag meiner Geschichte ist.

Am 9·11·2014 ist die Mauer auf einmal wieder da.

Aber diesmal erscheint sie aus purem Licht. Zum 25-jährigen Gedenken haben Künstler die Mauer in ihrem alten Verlauf aus leuchtenden Ballons nachgebaut aber sie kann die Menschen nicht mehr voneinander trennen. Vielmehr ist sie ein Wegweiser, eine Erinnerung an den Moment, als die deutsche Geschichte zurück auf Null gesetzt wurde.

Und doch gibt es einen Tag, an dem es einen Reset-Moment gab, der den in Berlin um Längen übertrifft.
Ganz am Anfang der Bibel lesen wir, dass es einen Streit zwischen Gott und den Menschen gab, der zu einer Trennung führte. Bewaffnete Wachleute haben die Grenze an der Ostseite bewacht.

So wie Berlin mit der Mauer ein besonderer Ort in Deutschland war, so war der Tempel damals etwas Besonderes, denn dort war die Trennung wirklich gut zu sehen. Die Menschen konnten zum Beten in den Tempel kommen und Gott hatte seinen Bereich im sogenannten „Allerheiligsten“. Aber dazwischen

NEUE
ERFAHRUNGEN

gab es einen Vorhang, der die beiden Bereiche trennte. Übrigens nannte man die Grenze zwischen Deutschland und Deutschland früher den Eisernen Vorhang.

Ich stelle mir manchmal vor, dass Jesus am Kreuz etwas Ähnliches hätte sagen können wie unser Außenminister in der deutschen Botschaft in Prag. „Ich bin zu Ihnen gekommen, um Ihnen mitzuteilen, dass heute Ihre Ausreise … (möglich geworden ist)." Als der ‚Mensch' Jesus am Kreuz starb, hat er etwas geschafft, was vor ihm unmöglich war. Weil er selbst Gott ist, konnte er durch den Vorhang gehen. Und wenn er das kann, dann können das andere auch.

Man muss sich nur an den halten, der den Weg kennt.

Und das Allerbeste: Jesus will den Weg zu Gott gar nicht verstecken, nein, im Gegenteil, er hat den Vorhang zerrissen, weil er unnötig geworden ist. Jesus will sogar, dass wir den Weg zu Gott finden.

Eine Mauer aus Licht, die komplett durchlässig ist, das würde Jesus wohl gut gefallen.

Halte Dich an den, der den Weg kennt.

Deine unglaubliche Geschichte

Die unglaublichsten Geschichten schreibt das Leben. Und Gott ist der Erfinder des Lebens.

Also ist deine Geschichte auch Teil der unglaublichen Geschichte Gottes.

In der Bibel stehen viele Geschichten exemplarisch aufgeschrieben, von denen wir uns etwas abgucken können, die unser Denken und Handeln hinterfragen und es manchmal auf Null setzen. Aber damit ist die

Geschichte nicht fertig, denn auch Gottes Geschichte ist mit dem Ende der Bibel nicht fertig. Gott schreibt seine Geschichte mit deiner unglaublichen Geschichte weiter.

Da wird nicht der Reset-Knopf gedrückt, nicht alles auf Null gesetzt.

Deine Geschichte steht in der unglaublichen Tradition von unglaublichen Geschichten, die alle etwas mit demselben unglaublichen Gott zu tun haben.

Wir wünschen dir von Herzen, dass du diese Erkenntnis mit in dein Leben nehmen kannst.

Du und Gott …
das hat etwas miteinander zu tun.
Vom ersten Moment an,
über die Konfirmation hinaus.

MIX
Papier aus verantwortungsvollen Quellen
FSC® C014138

Dieses Buch wurde auf FSC©-zertifiziertem Papier gedruckt. FSC (Forest Stewardship Council ©) ist eine nichtstaatliche, gemeinnützige Organisation, die sich für eine ökologische und sozialverantwortliche Nutzung der Wälder unserer Erde einsetzt.

Bibliografische Information der Deutschen Nationalbibliothek

Die Deutsche Nationalbibliothek verzeichnet diese Publikation in der Deutschen Nationalbibliografie; detaillierte bibliografische Daten sind im Internet über http://dnb.d-nb.de abrufbar.

Verwendete Fotos:
© shutterstock.com: Titelbild: DavidTB, S. 1 fredex , S. 2–3 Dudarev Mikhail, S. 4–5 mythja, S. 6 A-R-T, S. 7 turtix, S. 9 TaraPatta, S. 10 24Novembers, S. 12–13 Khakimullin Aleksandr, S. 16 Wolfgang Zwanzger, S. 18–19 BOS-BKK, S. 20–21 QQ7, S. 24 Olga Dmitrieva, S. 27 Ollyy, S. 28–29 Marcin Sylwia Ciesielski, S. 30 Denis Burdin, S. 33 Tom Wang, S. 34 jannoon028, S. 34–35 martinho Smart, S. 37 MC_Noppadol, S. 38 Barbol, S. 40–41 iamnong, S. 40 Smit, Zerbor, S. 41 Asier Romero, S. 42 Tom Gowanlock, S. 44 HANA, S. 46–47 Dubova, S. 49 Patryk Kosmider, S. 50–51 gyn9037, S. 52 Max Topchii, S. 53 Gutzemberg, S. 54 terekhov igor, S. 55 melis, S. 56–57 Sfio Cracho, S. 58 Ewais, Annette Shaff, S. 60–61 Dudarev Mikhail, S. 62 Menna. | S. 14–15 Martina Olonschek

Gesamtgestaltung: Martina Olonschek, Hamburg
Verwendete Schriften: Roboto, LittleBird, AC Mountain, LillyBelle
Lektorat: Ruth Atkinson, Neukirchen-Vluyn
Gesamtherstellung: FINIDR, Česky Těšín
Printed in Czech Republic
ISBN 978-3-7615-6275-8

www.neukirchener-verlage.de